សាលារៀន - school	2
ការធ្វើដំណើរ - travel	5
ការដឹកជញ្ជូន - transport	8
ទីក្រុង - city	10
ទេសភាព - landscape	14
ភោជនីយដ្ឋាន - restaurant	17
ផ្សារទំនើប - supermarket	20
គេសជ្ជៈ - drinks	22
អាហារ - food	23
កសិដ្ឋាន - farm	27
ផ្ទះ - house	31
បន្ទប់ទទួលភ្ញៀវ - living room	33
ផ្ទះបាយ - kitchen	35
បន្ទប់ទឹក - bathroom	38
បន្ទប់របស់កុមារ - child's room	42
សម្លៀកបំពាក់ - clothing	44
ការិយាល័យ - office	49
សេដ្ឋកិច្ច - economy	51
មុខរបរ - occupations	53
ឧបករណ៍ - tools	56
ឧបករណ៍តន្ត្រី - musical instruments	57
សួនសត្វ - zoo	59
កីឡា - sports	62
សកម្មភាពនានា - activities	63
គ្រួសារ - family	67
រាងកាយ - body	68
មន្ទីរពេទ្យ - hospital	72
សង្គ្រោះបន្ទាន់ - emergency	76
ផែនដី - earth	77
នាឡិកា - clock	79
សប្តាហ៍ - week	80
ឆ្នាំ - year	81
រាង - shapes	83
ពណ៌ - colors	84
ផ្ទុយគ្នា - opposites	85
លេខ - numbers	88
ភាសា - languages	90
នរណា / អ្វី / របៀប - who / what / how	91
កន្លែង - where	92

Impressum
Verlag: BABADADA GmbH, Nedderfeld 112 , 22529 Hamburg
Geschäftsführer / Verlagsleitung: Harald Hof
Druck: Books on Demand GmbH, In de Tarpen 42, 22848 Norderstedt

Imprint
Publisher: BABADADA GmbH, Nedderfeld 112 , 22529 Hamburg, Germany
Managing Director / Publishing direction: Harald Hof
Print: Books on Demand GmbH, In de Tarpen 42, 22848 Norderstedt, Germany

សាលារៀន
school

- ចែក / divide
- ក្ដារ / board
- បន្ទប់រៀន / classroom
- គ្រូបង្រៀន / teacher
- ទីធ្លាសាលារៀន / school yard
- ក្រដាស / paper
- ប៊ិក / pen
- តុការិយាល័យ / desk
- បន្ទាត់ / ruler
- សរសេរ / write
- សៀវភៅ / book
- កូនសិស្ស / pupil

សម្ពាយៀតសៀវភៅ
satchel

ប្រអប់ដាក់ខ្មៅដៃ
pencil case

ខ្មៅដៃ
pencil

ប្រដាប់ខ្វេងខ្មៅដៃ
pencil sharpener

ជ័រលុប
rubber

ផ្ទាំងគំនូរ
drawing pad

គំនូរ
drawing

ជក់គូរ
paintbrush

ប្រអប់ថ្នាំលាប
paint box

កន្ត្រៃ
scissors

ការបិទ
glue

សៀវភៅលំហាត់
exercise book

កិច្ចការផ្ទះ
homework

លេខ
number

បូក
add

ដក
subtract

គុណ
multiply

គណនា
calculate

លិខិត
letter

អក្ខរក្រម
alphabet

ពាក្យ
word

 អត្ថបទ text	 អាន read	 ដីស chalk
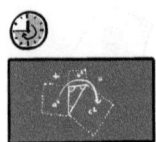 មេរៀន lesson	 ចុះឈ្មោះ register	 ការប្រឡង examination
 វិញ្ញាបនបត្រ certificate	 ឯកសណ្ឋានសាលា school uniform	 ការអប់រំ education
 សព្វវចនាធិប្បាយ encyclopedia	 សាកលវិទ្យាល័យ university	 មីក្រូទស្សន៍ microscope
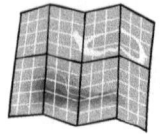 ផែនទី map	 កន្ត្រករដាក់សំរាមកូរដាស waste-paper basket	

ការធ្វើដំណើរ

travel

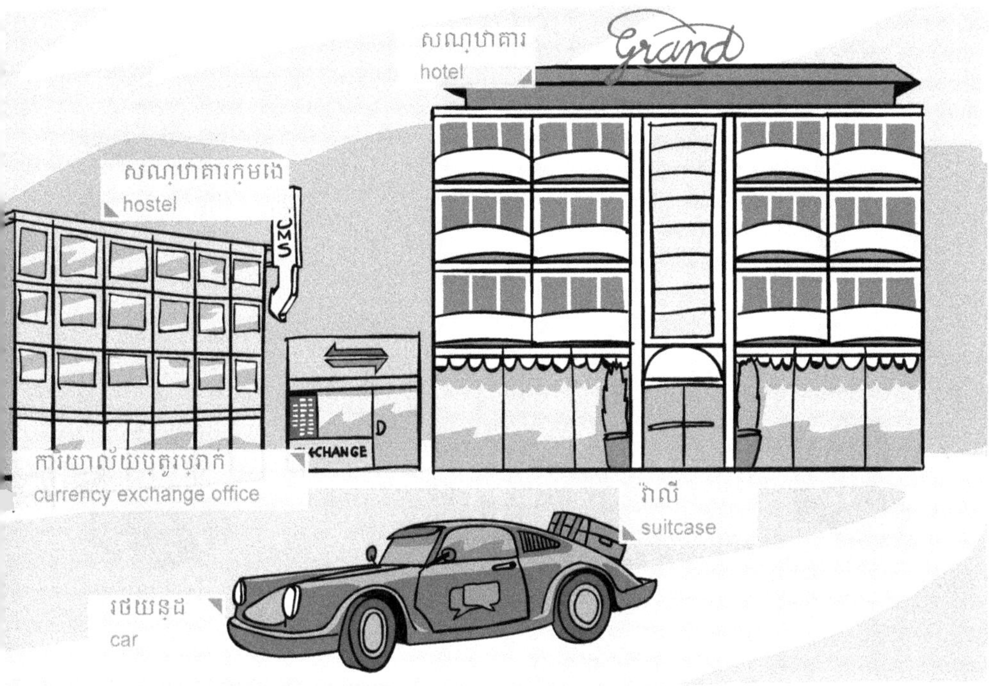

សណ្ឋាគារ
hotel
Grand
សណ្ឋាគារក្មេង
hostel
ការិយាល័យប្តូរប្រាក់
currency exchange office
CHANGE
វ៉ាលី
suitcase
រថយន្ត
car

ភាសា

language

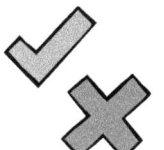

បាទ / ទេ

yes / no

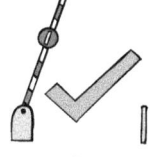

យល់ព្រម

Okay

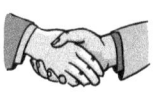

សាយ័ន្តសួស្តី!

hello

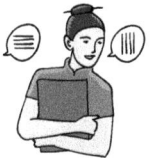

អ្នកបកប្រែ

translator

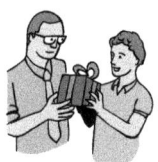

សូមអរគុណ

Thank you

ចុលប៉ុន្មាន...?
how much is…?

ខ្ញុំមិនយល់
I do not understand

បញ្ហា
problem

ទិវសួស្តី!
Good evening!

អរុណសួស្តី!
Good morning!

រាត្រីសួស្ដី!
Good night!

លាហើយ
goodbye

ទិសដៅ
direction

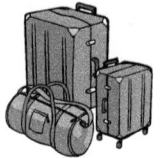
អីវ៉ាន់
luggage

កាបូប
bag

កាបូបស្ពាយក្រោយ
backpack

ភ្ញៀវ
guest

បន្ទប់
room

ថង់ដេក
sleeping bag

តង់
tent

ព័ត៌មានទេសចរណ៍
tourist information

ឆ្នេរ
beach

កាតឥណទាន
credit card

អាហារពេលព្រឹក
breakfast

អាហារថ្ងៃត្រង់
lunch

អាហារពេលល្ងាច
dinner

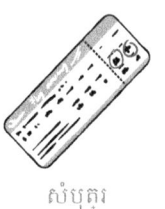

សំបុត្រ
Ticket

ជណ្ដើរយន្ត
elevator

តឹក
stamp

ព្រំដែន
border

គយ
customs

ស្ថានទូត
embassy

ទិដ្ឋាការ
visa

លិខិតឆ្លងដែន
passport

ការដឹកជញ្ជូន
transport

កប៉ាល់ — ship
យន្តហោះ — airplane
ម៉ាស៊ីនភ្លើងឆេះ — fire truck
រថយន្តដឹកទំនិញ — truck
រថយន្តដឹក — bus
កាណូត — motorboat
រថយន្ត — car
ជិះកង់ — bike

សាឡាង
ferry

ទូក
boat

ម៉ូតូ
motorbike

រថយន្តប៉ូលិស
police car

រថយន្តប្រណាំង
racing car

រថយន្តជួល
rental car

ការចែករំលែករថយន្ត
car sharing

ឡានសុទ្ទូច
tow truck

ឡានបូរមូលសំរាម
garbage truck

ម៉ូតូ
engine

បុរងឥន្ធន:
fuel

ស្ថានីយបូរង
fuel station

លាកសញ្ញាចរាចរណ៍
traffic sign

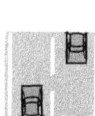
ការធ្វើចរាចរណ៍
traffic

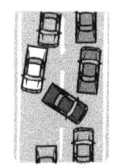
កកស្ទុះចរាចរណ៍
traffic jam

ចំណត
parking lot

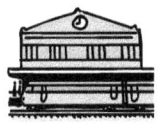
ស្ថានីយរថភ្លើង
train station

ផ្លូវដែក
tracks

រថភ្លើង
train

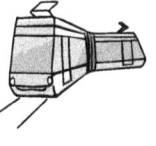
រថអគ្គិសនី
tram

ទូរថភ្លើង
wagon

ឧទ្ធម្ភាគចក្រ
helicopter

ពុរលានយន្តហោះ
airport

ប៉ម
tower

អ្នកដំណើរ
passenger

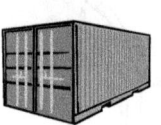
កុងតឺន័រ
container

កុរដាសកាតុង
carton

រទេះ
cart

កញ្ចប់
basket

ហោះឡើង / ចុះ
take off / land

ទីក្រុង
city

ភូមិ
village

កណ្តាលទីក្រុង
city center

ផ្ទះ
house

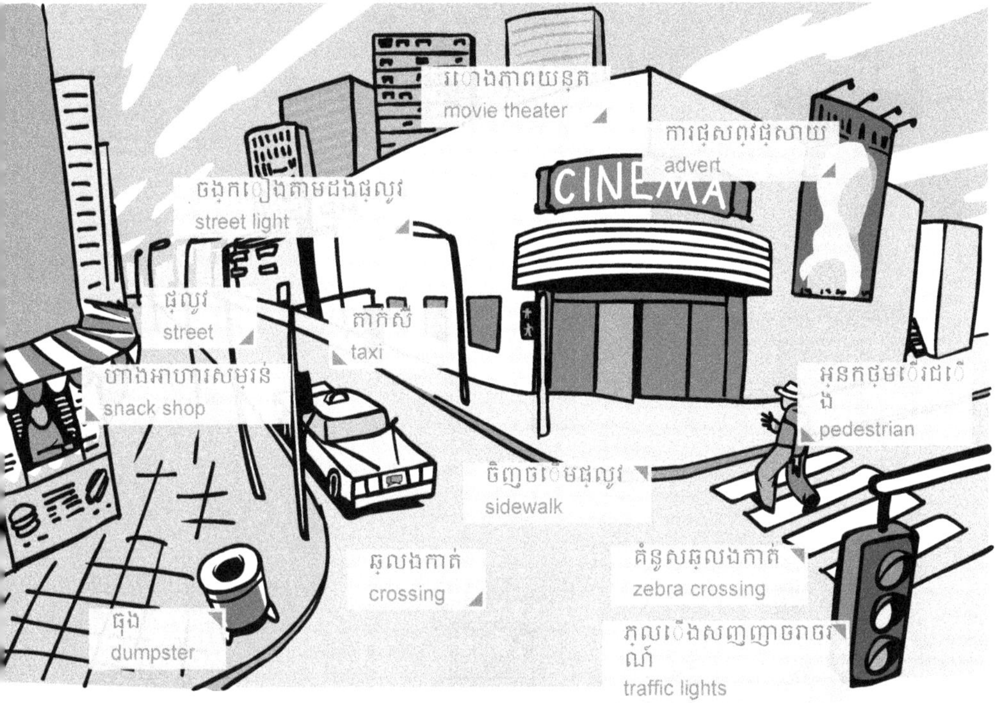

រោងភាពយន្ត
movie theater
ការផ្សព្វផ្សាយ
advert
CINEMA
ចង្កៀងតាមដងផ្លូវ
street light
ផ្លូវ
street
តាក់ស៊ី
taxi
ហាងអាហារសម្រន់
snack shop
អ្នកថ្មើរជើង
pedestrian
ចិញ្ចើមផ្លូវ
sidewalk
ឆ្លងកាត់
crossing
គំនូសឆ្លងកាត់
zebra crossing
ធុង
dumpster
ភ្លើងសញ្ញាចរាចរណ៍
traffic lights

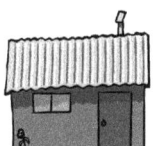

ខ្ទម

hut

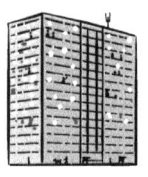

ផ្ទះល្វែង

apartment

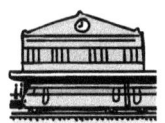

ស្ថានីយរថភ្លើង

train station

សាលាក្រុង

city hall

MUSEUM

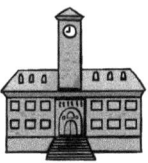

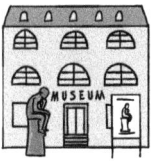

សារមន្ទីរ

museum

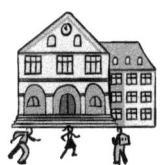

សាលារៀន

school

សាកលវិទ្យាល័យ
university

ធនាគារ
bank

មន្ទីរពេទ្យ
hospital

សណ្ឋាគារ
hotel

ឱសថស្ថាន
pharmacy

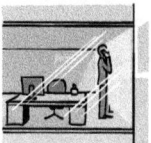
ការិយាល័យ
office

ហាងលក់សៀវភៅ
book shop

ហាង
shop

ហាងផ្កា
flower shop

ផ្សារទំនើប
supermarket

ទីផ្សារ
market

ហាងទំនិញ
department store

ហាងលក់ត្រី
fishmonger's shop

មជ្ឈមណ្ឌលផ្សារទំនើប
mall

កំពង់ផែ
harbor

ឧទ្យាន
park

បង្គាំ
bench

ស្ពាន
bridge

ជណ្តើរ
stairs

ផ្លូវក្រោមដី
subway

ផ្លូវរូងក្រោមដី
tunnel

ចំណតរថយន្តក្រុង
bus stop

បារ
bar

ភោជនីយដ្ឋាន
restaurant

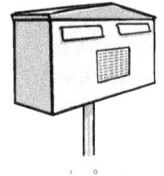
បុរសំបុត្រ
postbox

សញ្ញាតាមដងផ្លូវ
street sign

ឧបករណ៍បូមមួលផ្លូវចំណត
parking meter

សួនសត្វ
zoo

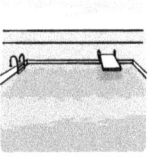
អាងហែលទឹក
swimming pool

វិហារអ៊ីស្លាម
mosque

កសិដ្ឋាន
farm

ការបំពុល
pollution

វាលកប់ខ្មោច
cemetery

ពុទ្ធវិហារ
church

គ្រឿងអវិលកុមដេលង
playground

បុរាណ
temple

ទេសភាព
landscape

- សុល័ក / leaf
- សញ្ញាបុរាបទិសដៅ / signpost
- ផ្លូវ / path
- វាលស្មៅ / meadow
- ដុំថ្ម / stone
- ដើមឈើ / tree
- អ្នកទ្បើងភ្នំ / hiker
- ទន្លេ / river
- ស្មៅ / grass
- ផ្កា / flower

 ជ្រលងភ្នំ valley	 កូនភ្នំ hill	 បឹង lake
 ព្រៃឈើ forest	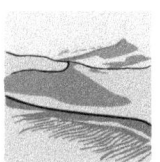 វាលខ្សាច់ desert	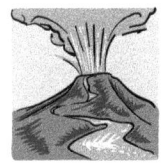 ភ្នំភ្លើង volcano
 ប្រាសាទ castle	 ឥន្ទធនូ rainbow	 ផ្សិត mushroom
 ដើមត្នោត palm tree	 មូស mosquito	 រុយ fly
 ស្រមោច ant	 សត្វឃ្មុំ bee	 ពីងពាង spider

 សត្វកញ្ចចវៃ beetle	 កង្កែប frog	 កំប្រុក squirrel
 សត្វរាំបុរមា hedgehog	 ទន្សាយសុលឹក hare	 សត្វទីទុយ owl
 បក្សី bird	 ហង្ស swan	 ជ្រូក boar
 សត្វក្តាន់ deer	 សត្វក្ដាន់ moose	 ទំនប់ dam
 កង្ហារខ្យល់ wind turbine	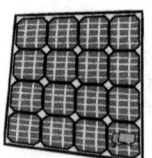 បន្ទះស្វយ័ង្គ solar panel	 អាកាសធាតុ climate

ភោជនីយដ្ឋាន
restaurant

អ្នករត់តុ / waiter

ម៉ឺនុយ / menu

កៅអី / chair

ស៊ុប / soup

ភីហ្សា / pizza

កាំបិត / cutlery

កម្រាលតុ / tablecloth

អាហារសម្រន់
starter

អាហារសំខាន់
main course

បង្អែម
dessert

ភេសជ្ជៈ
drinks

អាហារ
food

ដប
bottle

អាហាររហ័ស
fast food

អាហារតាមផ្លូវ
street food

ប៉ាន់តែ
teapot

ប្រអប់ស្ករ
sugar bowl

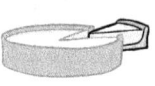
ចំណែក
portion

ម៉ាស៊ីនឆុងកាហ្វេអេចស្ព្រេសូ
espresso machine

កៅអីខ្ពស់
high chair

វិក្កយបត្រ
bill

ថាស
tray

កាំបិត
knife

សម
fork

ស្លាបព្រា
spoon

ស្លាបព្រាកាហ្វេ
teaspoon

កន្សែងជូតខ្លួន
serviette

កែវ
glass

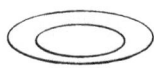
ចានទាប
plate

ចានស៊ុប
soup plate

ចានទរនាប់
saucer

ទឹកជ្រលក់
sauce

ដបអំបិល
salt shaker

បរដាប់កិនម្រេច
pepper mill

ទឹកខ្មេះ
vinegar

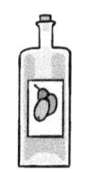
ប្រេង
oil

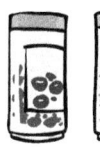 
គ្រឿងទេស
spices

ទឹកប៉េងប៉ោះ
ketchup

ម៉ូតាក
mustard

ទឹកមយ៉ូណេស
mayonnaise

ភោជនីយដ្ឋាន - restaurant   19

ផ្សារទំនើប
supermarket

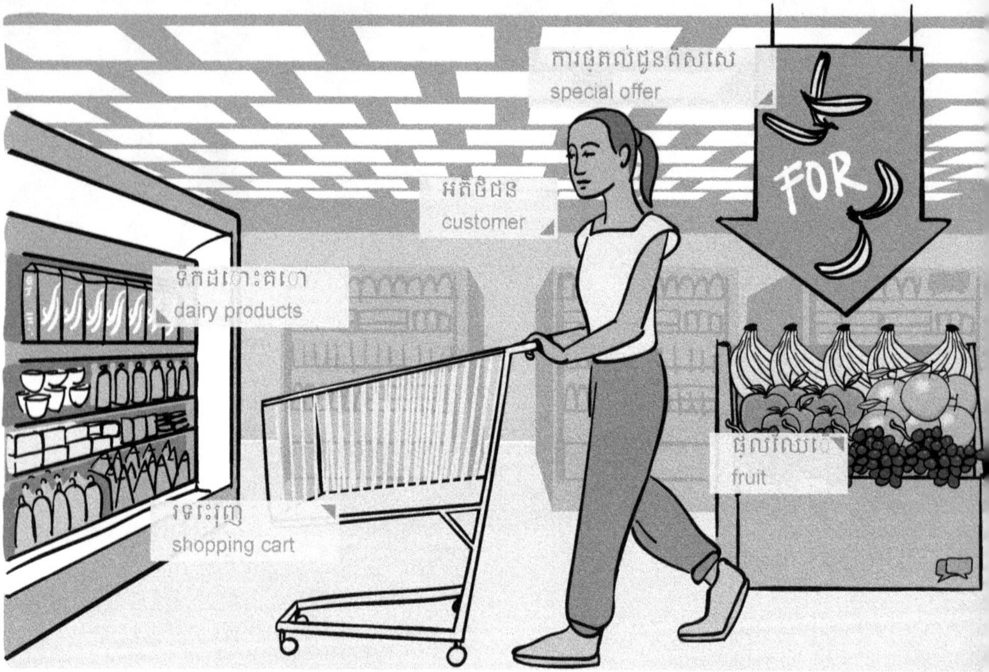

- ការផ្តល់ជូនពិសេស / special offer
- អតិថិជន / customer
- ទឹកដោះគោ / dairy products
- រទេះរុញ / shopping cart
- ផ្លែឈើ / fruit

ហាងកាប់ជ្រូក
butcher's shop

ហាងដុតនំ
bakery

ថ្លឹង
weigh

បន្លែ
vegetables

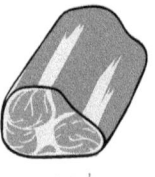

សាច់
meat

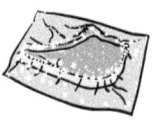

អាហារកុលាសុសរ
frozen food

សាច់កុណាសរ
cold cuts

អាហារកំប៉ុង
canned food

មុសរៅលាង
detergent

សុអរគុរាប់
candy

ផលិតផលកុនងគ្រួសារ
household products

ផលិតផលសមុអាត
cleaning products

អុនកលក់
sales representative

ចុតដាក់លុយ
cash register

បទ្ទា
cashier

បញ្ជីទិញទំនិញ
shopping list

ម៉ោងធ្វើការ
opening hours

កាបូបលុយបុរស
wallet

កាតឥណទាន
credit card

ថង់
bag

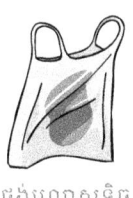
ថង់ប្លាស្ទិច
plastic bag

ភេសជ្ជៈ:
drinks

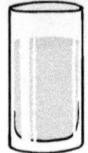
ទឹក
water

ទឹកផ្លែឈើ
juice

ទឹកដោះគោ
milk

កូកាកូឡា
coke

ស្រា
wine

ស្រាបៀរ
beer

គ្រឿងស្រវឹង
alcohol

កាកាវ
cocoa

តែ
tea

កាហ្វេ
coffee

កាហ្វេអេចស្ព្រេសូ
espresso

កាហ្វេកាពូឈីណូ
cappuccino

អាហារ
food

ចេក
banana

ផ្លែប៉ោម
apple

ផ្លែក្រូច
orange

ឪឡឹក
melon

ក្រូចឆ្មា
lemon

ការ៉ុត
carrot

ខ្ទឹម
garlic

ឫស្សី
bamboo

ខ្ទឹមហាវាំង
onion

ផ្សិត
mushroom

គ្រាប់ផ្លែឈើ
nuts

មី
noodles

មីអីតាលី
spaghetti

បាយ
rice

សាឡាត់
salad

ដំឡូងចៀន
fries

ដំឡូងចៀន
fried potatoes

ភីហ្សា
pizza

បឺហ្គឺ
hamburger

សាំងវិច
sandwich

សាច់ជាប់ឆ្អឹងជំនី
escalope

ហាំ
ham

សាឡាមី
salami

សាច់ក្រក
sausage

សាច់មាន់
chicken

អាំង
roast

ត្រី
fish

អាវ៊ែនបបរ
porridge oats

មុយប៊ុីស្លី
muesli

ដំឡូងចំណិត
cornflakes

ម្សៅ
flour

នំគួរសង់
croissant

នំប៉័ងមុយ៉ាងមូលតូចៗ
bread roll

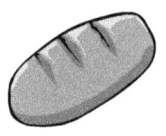
នំប៉័ង
bread

អាំង
toast

នំប៊ីស្គីត
cookies

បឺរ
butter

ទឹកដោះខាប់
curd

នំខេក
cake

ស៊ុត
egg

ស៊ុតចៀន
fried egg

ឈីស
cheese

ការ៉េម
ice cream

ស្ករ
sugar

ទឹកឃ្មុំ
honey

ដំណាប់
jelly

គ្រីមតាំងម៉េរី
nougat cream

ការី
curry

កសិដ្ឋាន
farm

ផ្ទះក្នុងកសិដ្ឋាន / farm house
ជង្រុក / barn
ខ្សែចងមួបើង / straw bale
ប្រេវប៉ូវវែ / field
សេះ / horse
កូនសេះ / foal
តុកកិច្ចរ / tractor
រថសណ្ដោង / trailer
សត្វលា / donkey
សត្វចៀម / sheep
កូនចៀម / lamb

ពពែ
goat

គោញី
cow

កូនគោ
calf

ជ្រូក
pig

កូនជ្រូក
piglet

គោឈ្មោលមួល
bull

កសិដ្ឋាន - farm

សត្វក្ងាន
goose

ទា
duck

កូនមាន់
chick

មមាន់
hen

មាន់ឈ្មោល
cockerel

កណ្តុរ
rat

ឆ្មា
cat

កណ្តុរប្រមេះ
mouse

គពោឈ្មោល
ox

ឆ្កែ
dog

ផ្ទះឆ្កែ
dog house

ទុយោទឹក
garden hose

ធុងស្រោចទឹក
watering can

ខូវបែក
scythe

នង្គ័ល
plough

កសិដ្ឋាន - farm

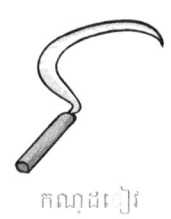
កណ្ដៀវ
sickle

ចបកាប់
hoe

នោស
pitchfork

ពូថៅ
axe

រទេះរុញ
pushcart

ស្នូក
trough

កំប៉ុងទឹកដោះគោ
milk can

បាវ
sack

របង
fence

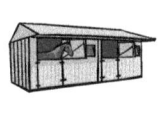
គុរោល
stable

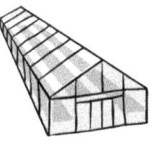
ផ្ទះកញ្ចក់
greenhouse

ដី
soil

គ្រាប់ពូជ
seed

ជី
fertilizer

ម៉ាស៊ីនបូរមូលផល
combine harvester

កសិដ្ឋាន - farm

បុរមួលផល
harvest

ការបុរមួលផល
harvest

ដំឡូងជ្វា
yams

សូរវសាលី
wheat

សណ្ដែកសៀង
soya

ដំឡូងជ្វា
potato

ពោត
corn

គុរាប់បូរងវៃ
rapeseed

ដើមឈើហូបផ្លែវ
fruit tree

ដំឡូងមី
manioc

ធញ្ញជាតិ
grain

កសិដ្ឋាន - farm

ផ្ទះ
house

បំពង់ផ្សែង / chimney
ដំបូល / roof
ទូរបង្ហូរទឹក / downspout
បង្អួច / window
ហ្គារាស / garage
កណ្ដឹងទ្វារ / doorbell
ទ្វារ / door
ធុងសំរាម / trash can
ប្រអប់សំបុត្រ / mailbox
សួនច្បារ / garden

បន្ទប់ទទួលភ្ញៀវ
living room

បន្ទប់ទឹក
bathroom

ផ្ទះបាយ
kitchen

បន្ទប់គេង
bedroom

បន្ទប់របស់កុមារ
child's room

បន្ទប់ទទួលទានអាហារ
dining room

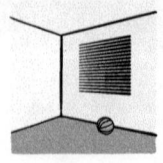	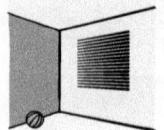	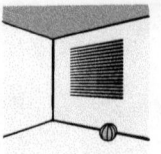
ជាន់ floor	ជញ្ជាំង wall	ពិដាន ceiling

បន្ទប់ក្រោមដី cellar	សូណា sauna	យ៉រ balcony
	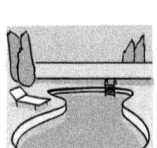	
ផ្ទៃរាបស្មើរឿននៅដមុខរាលក្នុង terrace	អាងហាលែទឹក pool	ម៉ាស៊ីនកាត់ស្មៅ lawn mower
		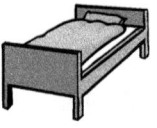
សន្លឹក sheet	កម្រាលគូរដៃកេ bedspread	គូរ bed

អំបោស broom	ធុង bucket	កុងតាក់ switch

ផ្ទះ - house

បន្ទប់ទទួលភ្ញៀវ
living room

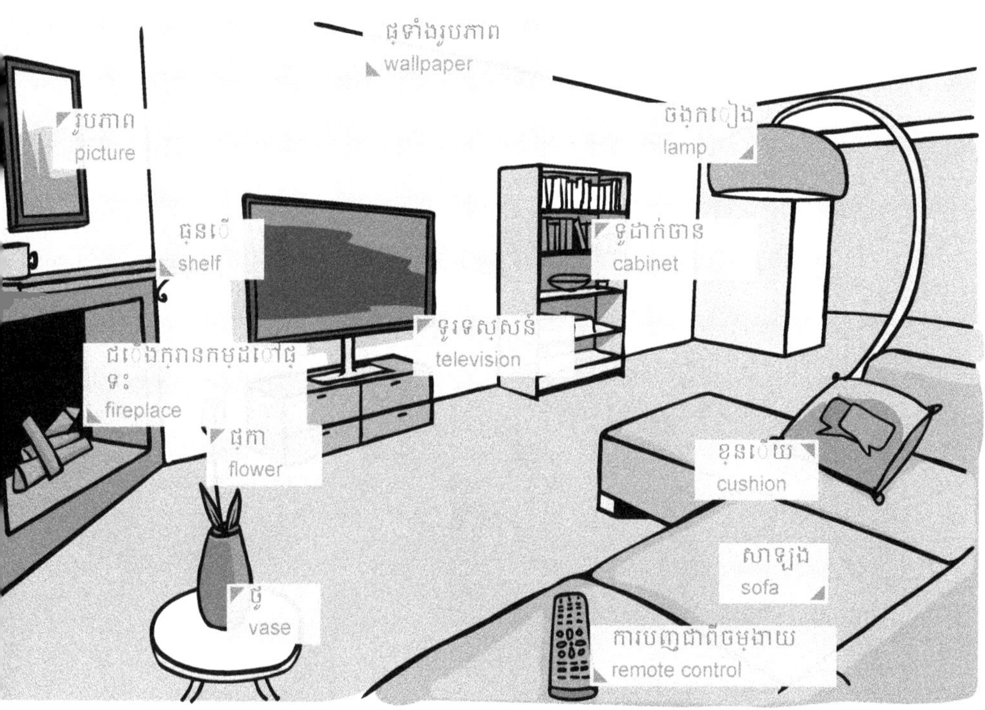

- ផ្ទាំងរូបភាព / wallpaper
- រូបភាព / picture
- ចង្កៀង / lamp
- ធ្នើរ / shelf
- ទូដាក់ចាន / cabinet
- ជើងក្រានកម្ដៅផ្ទះ / fireplace
- ទូរទស្សន៍ / television
- ផ្កា / flower
- ខ្នើយ / cushion
- ផ្កាថ្ម / vase
- សាឡុង / sofa
- ការបញ្ជាពីចម្ងាយ / remote control

កម្រាលព្រំ
carpet

វាំងនន
drape

តុ
table

កៅអី
chair

កៅអីយោល
rocking chair

កៅអីមានដៃ
armchair

សៀវភៅ
book

ភួយ
blanket

ការតុបតែង
decoration

អុសដុត
firewood

ខ្សែភាពយន្ត
film

ឧបករណ៍ Hi-Fi
stereo system

កូនសោ
key

កាសែត
newspaper

គំនូរ
painting

ផ្ទាំងរូបភាព
poster

វិទ្យុ
radio

ណូតផ្គុំ
notebook

ម៉ាស៊ីនបូមធូលី
vacuum cleaner

ដំបងយកុស
cactus

ទៀន
candle

ផ្ទះបាយ
kitchen

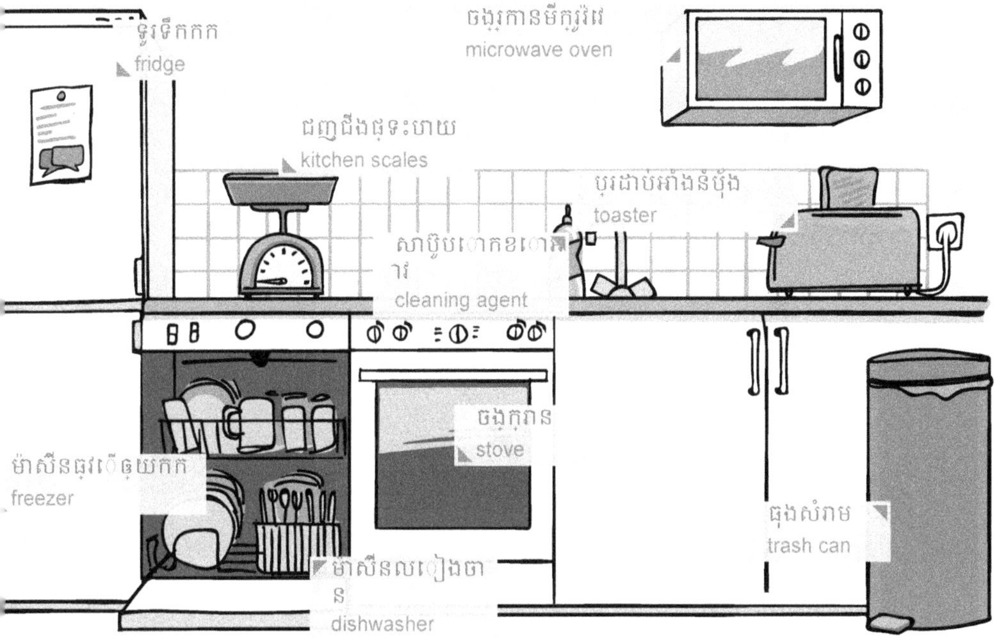

- fridge — ទូទឹកកក
- microwave oven — ចង្ក្រានមីក្រូវែវ
- kitchen scales — ជញ្ជីងផ្ទះបាយ
- toaster — ប្រដាប់អាំងនំប៉័ង
- cleaning agent — សាប៊ូបោកខោអាវ
- stove — ចង្ក្រាន
- freezer — ម៉ាស៊ីនធ្វើទឹកកក
- trash can — ធុងសំរាម
- dishwasher — ម៉ាស៊ីនលាងចាន

ចង្ក្រាន
cooker

ឆ្នាំង
pot

ឆ្នាំងដែក
cast-iron pot

ខទះ / ខទះឥណ្ឌា
wok / kadai

ខទះ
pan

កំសៀវ
kettle

តុនាំងចំហុយ
steamer

ថាសដុតនំ
baking tray

គ្រឿងចានឆ្នាំងដី
crockery

ថូ
mug

ចានគោម
bowl

ចង្កឹះ
chopsticks

វែកសមុល
ladle

វែកកូរ
spatula

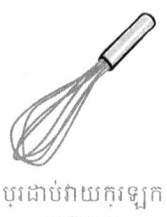
ប្រដាប់វាយកូឡូក
whisk

តម្រង
strainer

កន្ទុគ្រង
sieve

ប្រដាប់កោសដូង
grater

គ្រហាល់
mortar

ការអាំងសាច់
barbecue

ចង្ក្រានចំហា
fireplace

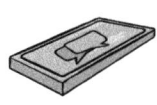 ជុរញ្ញ chopping board	 បុរដាប់កិនម្សៅ rolling pin	 បុរដាប់មួរបើកឧកសុរា corkscrew
 កំប៉ុង can	 បុរដាប់បើកកំប៉ុង can opener	 កូរណាត់ទ្រាប់ក្តៅនាំង oven cloth
 កន្លែងលាងចាន sink	 ជក់ brush	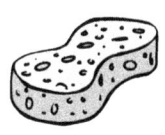 អេប៉ុង sponge
 ម៉ាស៊ីនកួរឡាយ blender	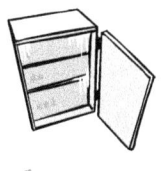 ទូទឹកកកខ្នាតតូច deep freezer	 ដបទឹកដោះគោ baby bottle
 រូប៊ីណេ tap		

ផ្ទះបាយ - kitchen

បន្ទប់ទឹក
bathroom

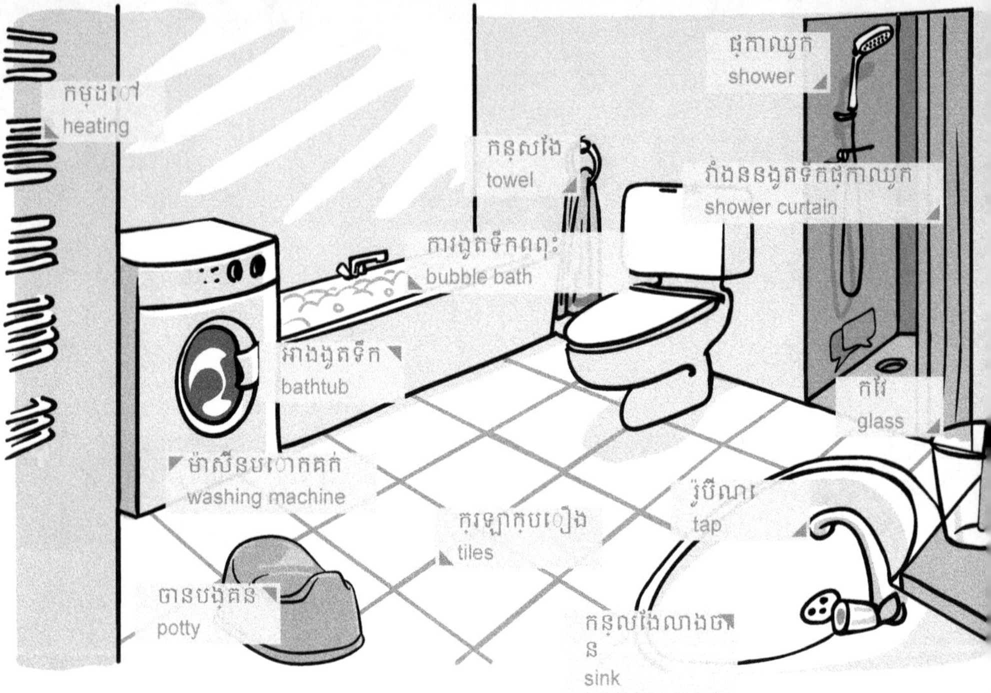

- កម្ដៅ / heating
- ផ្កាឈូក / shower
- កន្សែង / towel
- រាំងននឧទកផ្កាឈូក / shower curtain
- ការងូតទឹកកពុះ / bubble bath
- អាងងូតទឹក / bathtub
- កែវ / glass
- ម៉ាស៊ីនបោកគក់ / washing machine
- កុរឡាក្បឿង / tiles
- រូបីណា / tap
- ចានបង្គន់ / potty
- កន្លែងលាងចាន / sink

បង្គន់
toilet

បង្គន់អង្គុយ
squat toilet

ផៈវិងជម្រះកាយ
bidet

កុសាំទឹកនោម
urinal

កូរដាសបង្គន់
toilet paper

ច្រាសដុសបង្គន់
toilet brush

 ចុរាសដុសធ្មេញ toothbrush	 ថ្នាំដុសធ្មេញ toothpaste	 ខ្សែទាក់សម្អាតធ្មេញ dental floss
 លាង wash	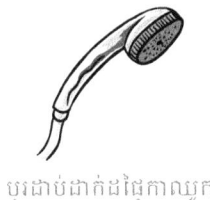 បរដប់ដាក់ដង្កៀកាឡូក hand shower	 ទឹកចូកនាំសម្រាប់ហាញ់លាង douche
 អាង basin	 ចុរាសដុសខ្នង back brush	 សាប៊ូ soap
 បសម្រាប់ងូតទឹកផ្ទុកាឡូ shower gel	 សាប៊ូ shampoo	 សកុលាត flannel
 បំពង់បង្ហូរទឹក drain	 កុរែម creme	 ថ្នាំបំបាត់ក្លិនអាក្រក់ deodorant

បន្ទប់ទឹក - bathroom 39

កញ្ចក់
mirror

កញ្ចក់ដៃ
hand mirror

បូរដាប់កោរ
razor

ហ្វូមកោរពុកមាត់
shaving foam

ទឹកលាងកូរោយកោរពុកមាត់រួច
aftershave

ក្រាស
comb

ជក់
brush

បូរដាប់សម្ងួតសក់
hair-dryer

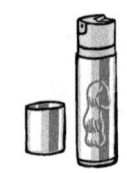
សុីព្រាយហាញ់សក់
hairspray

ការតុបតែងមុខ
makeup

ក្រូមេលាបមាត់
lipstick

ថ្នាំលាបក្រចក
nail varnish

រោមកប្បាស
cotton wool

កន្ត្រៃកាត់ក្រចក
nail scissors

ទឹកអប់
perfume

កាបូបបោកគក់
washbag

លាមក
stool

ជញ្ជីងថ្លឹងទម្ងន់
weighing scales

អាវពាក់ងូតទឹក
bathrobe

ស្រោមដៃកៅស៊ូ
rubber gloves

ត្នុក
tampon

កន្ទបសង្កោអនាម័យ
sanitary towel

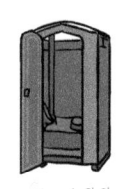
បង្គន់គីមី
chemical toilet

បន្ទប់របស់កុមារ

child's room

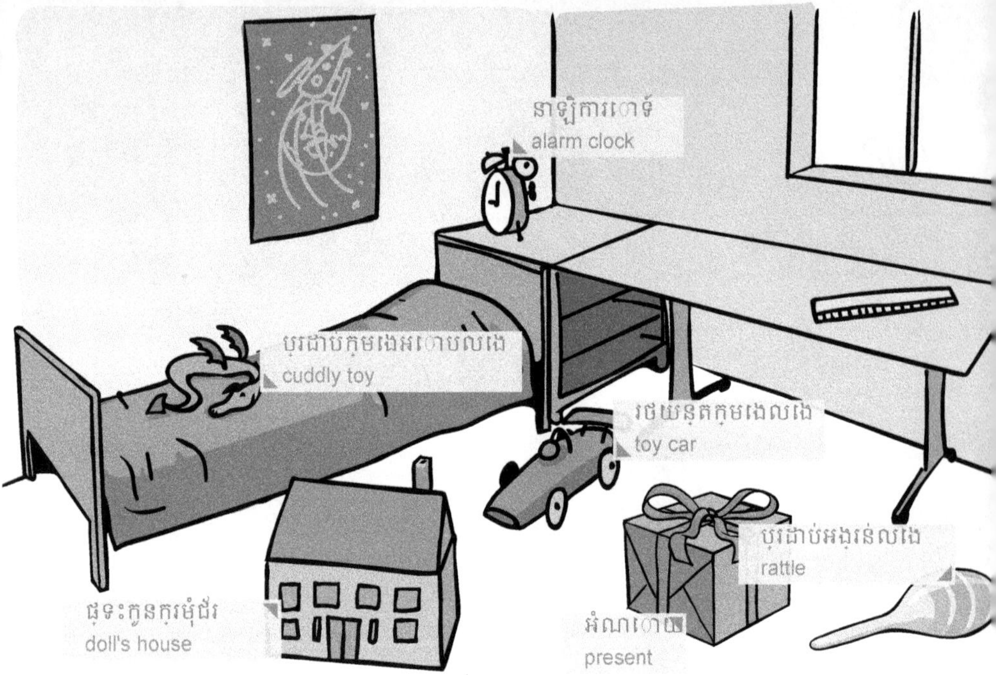
នាឡិការោទ៍
alarm clock
ប្រដាប់ក្មេងអោបលេង
cuddly toy
រថយន្តក្មេងលេង
toy car
ប្រដាប់អង្រន់លេង
rattle
ផ្ទះកូនក្រមុំជ័រ
doll's house
អំណោយ
present

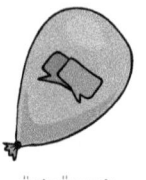

ប៉េងប៉ោង

balloon

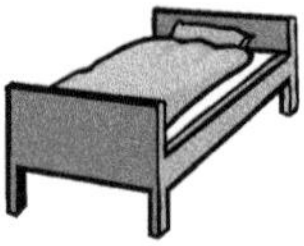

គ្រែ

bed

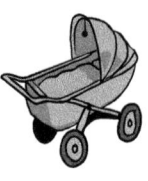

រទេះរុញទារក

stroller

ហ៊ីបបៀ

deck of cards

រូបផ្គុំ

jigsaw

SUPER
MEGA

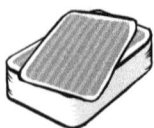

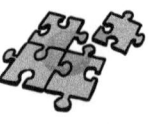

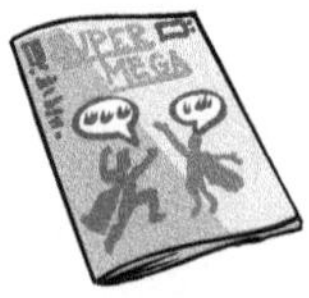

កំប្លែង

comic

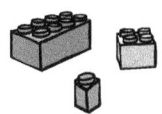
ផ្គុំ Lego
lego bricks

បុ្លុកបុរដាប់កុមដេងលេង
toy blocks

តួលខេសកម្មភាព
action figure

ខោអាវទារក
romper suit

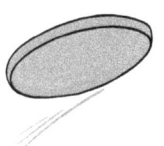
ការគប់ចាស
frisbee

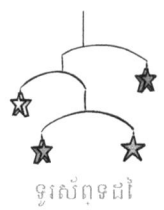
ទូរស័ព្ទដៃ
mobile

កុការល្បែង
board game

គ្រាប់ឡុកឡាក់
dice

ឈុតរថភ្លើងគំរូ
model train set

រូបសំណាក
dummy

គណបក្ស
party

សៀវភៅរូបភាព
picture book

ហាល់
ball

កូនកូរមុំតុក្កតា
doll

លេង
play

រណ្តៅដៀខ្សាច់
sandpit

ទោង
swing

ប្រដាប់ក្មេងលេង
toy

កុងសូលវីដេអូហ្គេម
video game console

កង់បីកូនយន្ត
tricycle

តុក្កតាខ្លាឃ្មុំ
teddy bear

ទូខោអាវ
wardrobe

សម្លៀកបំពាក់
clothing

ស្រោមជើង
socks

ស្រោមជើងវែង
stockings

ខោទ្រនាប់នារី
tights

 រាងកាយ — body	 ខោវែង — pants	 ខោខូវប៊ីយ — jeans
 សំពត់ — skirt	 អាវកូរសេ — blouse	 អាវ — shirt
 អាវយឺត — pullover	 អាវយឺត — sweater	 អាវធំ — blazer
 អាវកូរសេ — jacket	 អាវធំ — coat	 អាវភ្លៀង — raincoat
 គូរៀងតែង — costume	 អាវរៃ — dress	 សំលៀកបំពាក់អាពាហ៍ពិពាហ៍ — wedding dress

ខោអាវឈុត
suit

រូបភក្តី
nightgown

ឈុតតង
pajamas

សារី
sari

កន្សែងជូតកុហាល
headscarf

ភួនុត
turban

សូបម៉ែខ
burka

kaftan
kaftan

abaya
abaya

ឈុតហែលទឹក
swimsuit

ខោខ្លី
trunks

ខោខ្លី
shorts

ឈុតហាត់កីឡា
tracksuit

អាវអៀម
apron

ស្រោមដៃ
gloves

សម្លៀកបំពាក់ - clothing

ឡូយអាវ
button

វ៉ែនតា
glasses

ខ្សែដៃ
bracelet

ខ្សែក
necklace

ចិញ្ចៀន
ring

កូរវិល
earring

មួក
cap

បូរដាប់ពួយអាវក្រៅ
coat hanger

មួក
hat

ក្រវាត់ក
tie

រូត
zip

មួកសុវត្ថិភាព
helmet

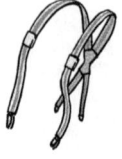
ខ្សែរ
braces

ឯកសណ្ឋានសាលា
school uniform

ឯកសណ្ឋាន
uniform

សម្លៀកបំពាក់ - clothing

អផ្ទៀមទារក
bib

រូបសំណាត
dummy

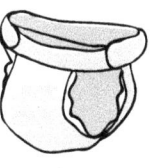
ខោទឹកនោម
diaper

ការិយាល័យ
office

- ទូងកសារ — filing cabinet
- ម៉ាស៊ីនមេ — server
- កូរដាស — paper
- ម៉ាស៊ីនបោះពុម្ព — printer
- ម៉ូនីទ័រ — monitor
- តុការិយាល័យ — desk
- កណ្តុរ — mouse
- សឺមី — folder
- ក្តារចុច — keyboard
- កន្ត្រករដាក់សំរាមកូរដាស — waste-paper basket
- កុំព្យូទ័រ — computer
- កៅអី — chair

កែវកាហ្វេ
coffee mug

ម៉ាស៊ីនគិតលេខ
calculator

អីនធឺណិត
internet

ការិយាល័យ - office   49

កុំព្យូទ័រយូរដៃ
laptop

លិខិត
letter

សារ
message

ទូរស័ព្ទដៃ
cell phone

បណ្តាញ
network

ម៉ាស៊ីនថតចម្លង
photocopier

សូហ្វវែរ
software

ទូរស័ព្ទ
telephone

រន្ធដោត
plug socket

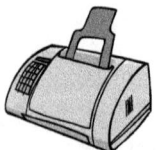
ម៉ាស៊ីនទូរសារ
fax machine

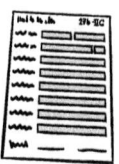
ទមរង់បែបបទ
form

ឯកសារ
document

សេដ្ឋកិច្ច
economy

ទិញ
buy

បង់ប្រាក់
pay

ជួរវិជ្ជនូញ
trade

លុយ
money

ប្រាក់ដុល្លារ
dollar

ប្រាក់អឺរ៉ូ
euro

ប្រាក់យ៉េន
yen

ប្រាក់រ៉ូបិល
rouble

ហ្វ្រង់ស្វីស
Swiss franc

ប្រាក់យន់
renminbi yuan

ប្រាក់រូពី
rupee

កន្លែងប្ដូរឬសាច់ប្រាក់
cash point

 ការិយាល័យបូរបុរាក់ currency exchange office	 មាស gold	 បូរាក់ silver
 ប្រេង oil	 ថាមពល energy	 តម្លៃ price
 កិច្ចសន្យា contract	 ពន្ធ tax	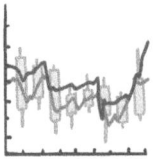 ភាគហ៊ុន stock
 ធ្វើការ work	 បុគ្គលិក employee	 និយោជក employer
 រោងចក្រ factory	 ហាង shop	

មុខរបរ
occupations

- មន្ត្រីប៉ូលីស — police officer
- អ្នកពន្លត់អគ្គិភ័យ — fireman
- វេជ្ជបណ្ឌិត — doctor
- ចុងភៅ — cook
- អ្នកបើកយន្តហោះ — pilot

អ្នកថែសួន
gardener

ជាងឈើ
carpenter

ជាងកាត់ដេរ
seamstress

ចៅក្រម
judge

គីមីវិទូ
chemist

តួកុន
actor

មុខរបរ - occupations

អ្នកបើកឡានក្រុង
bus driver

អ្នកបើកតាក់ស៊ី
taxi driver

អ្នកនេសាទ
fisherman

សុត្រីអ្នកសម្អាត
cleaning lady

ជាងដំបូល
roofer

អ្នករត់តុ
waiter

អ្នកបរបាញ់សត្វ
hunter

វិចិត្រករ
painter

អ្នកដុតនំ
baker

ជាងអគ្គីសនី
electrician

ជាងសំណង់
builder

វិស្វករ
engineer

ជាងជួសជុលទុយោទឹក
plumber

អ្នករត់សំបុត្រ
postman

អ្នកកាប់សាច់
butcher

មខរបរ - occupations

ទាហាន
soldier

ស្ថាបត្យករ
architect

បេឡា
cashier

អ្នកលក់ផ្កា
florist

អ្នកកាត់សក់
hairdresser

អ្នកយកលុយ
conductor

ជាងម៉ាស៊ីន
mechanic

កាព័ទ្ធនែ
captain

ពេទ្យធ្មេញ
dentist

អ្នកវិទ្យាសាស្ត្រ
scientist

គ្រូបង្រៀនច្បាប់សញ្ជាតិជ្វីហ្វ
rabbi

លោកសង្ឃយចាម
imam

ព្រះសង្ឃ
monk

បពុជិត
pastor

ឧបករណ៍
tools

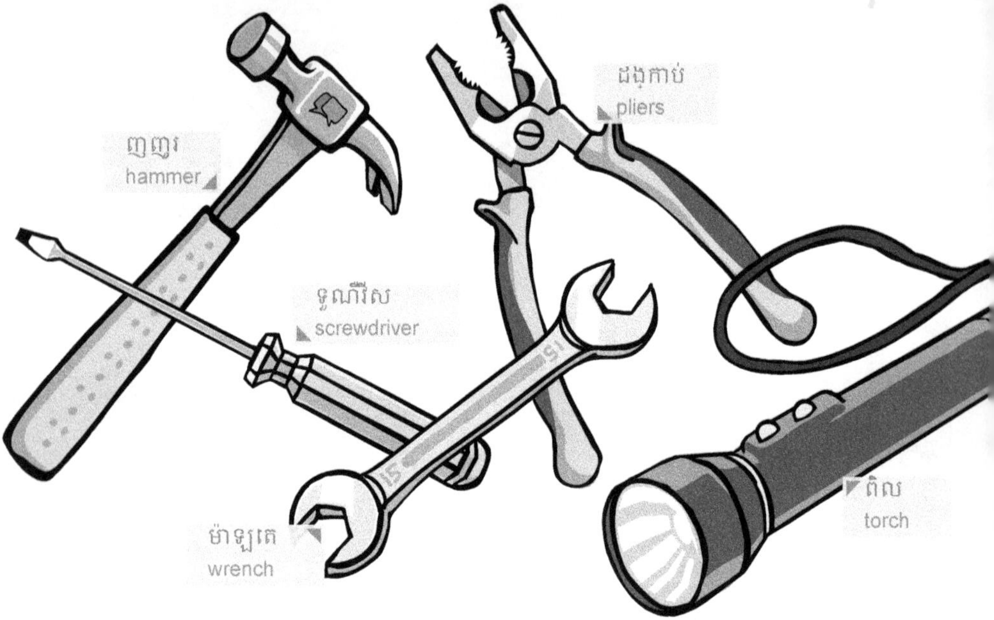

ញញួរ / hammer

ដង្កាប់ / pliers

ទួណាវីស / screwdriver

ម៉ាឡេតគ / wrench

ពិល / torch

ម៉ាស៊ីនជីក
excavator

ប្អូរអប់ឧបករណ៍
toolbox

ជណ្តើរបេីរ
ladder

រណារ
saw

ដែកគោល
nails

ប្អូរដោះស្គាន
drill

ជួសជុល
repair

ប៉ែល
shovel

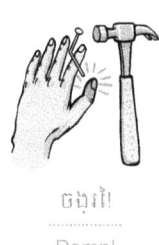
ចង្រៃ!
Damn!

បុរដាប់ចុកចូលី
dustpan

ធុងថ្នាំពណ៌
paint can

វីស
screws

ឧបករណ៍តន្ត្រី
musical instruments

ណុតសុវរ
drum set

ឧបករណ៍បំពងសំឡេង
loud speaker

ហាសពីរ
double bass

ត្រុំរី
trumpet

ហ្គីតា
guitar

ពុយាណូ
piano

វីយូឡុង
violin

បាស
bass

ស្គរពាសសុបកែមុយ៉ាង
timpani

ស្គរ
drums

យីបត
keyboard

សាក់សូហ្វូន
saxophone

ខ្លុយ
flute

មីក្រូហ្វូន
microphone

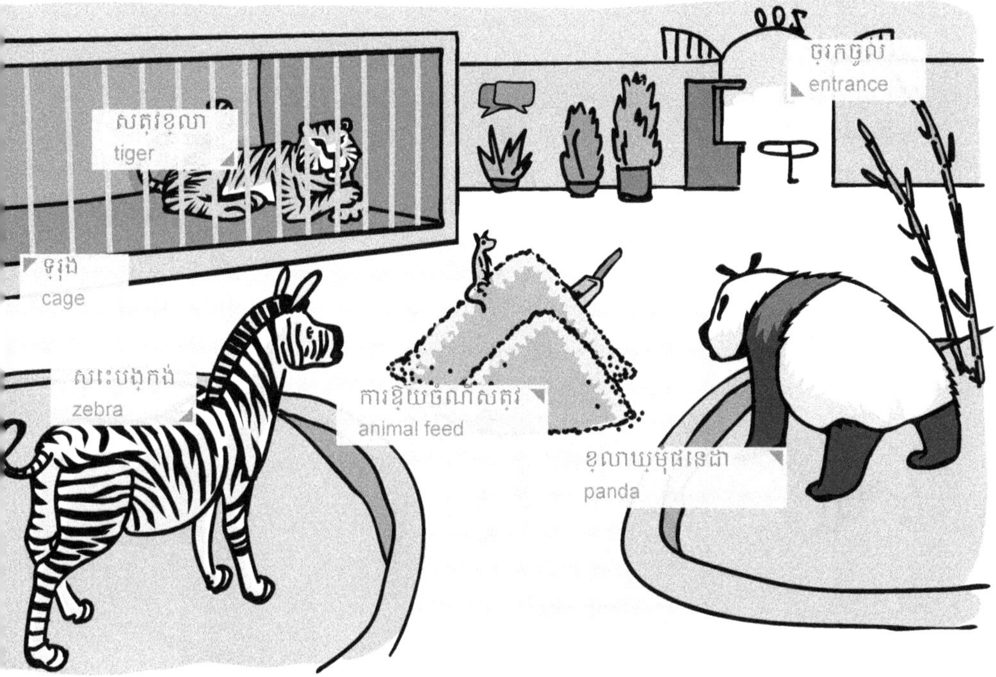

សូនសត្វ
ZOO

- សត្វខ្លា / tiger
- ទ្រុង / cage
- សេះបង្កង់ / zebra
- ការឱ្យចំណីសត្វ / animal feed
- ចូរកច្ចូល / entrance
- ខ្លាឃ្មុំជនជាតិ / panda

សត្វ
animals

សត្វដំរី
elephant

សត្វកង់ហ្គារូ
kangaroo

សត្វរមាស
rhino

សត្វស្វាហ្គូរីឡា
gorilla

ខ្លាឃ្មុំពណ៌ត្នោត
bear

 សត្វអូដ្ឋ camel	 សត្វអូទ្រីស ostrich	 សត្វតោ lion
 ស្វា monkey	 សត្វកុររៀល flamingo	 សេក parrot
 ខ្លាឃ្មុំតំបន់ប៉ូល polar bear	 ផេនឃ្វីន penguin	 ត្រីឆ្លាម shark
 កុងកោក peacock	 សត្វពស់ snake	 ក្រពើ crocodile
 អ្នករក្សាសួនសត្វ zookeeper	 ឆ្មាទឹក seal	 ខ្លារខិនមួយប្រភេទ jaguar

 កូនសេះ pony	 ខ្លារខិន leopard	 សត្វដាំទឹក hippo
 សត្វកវរវែង giraffe	 ពន្ធទ្រី eagle	 ជ្រូក boar
 ត្រី fish	 អណ្តើក turtle	 លោមមច្ឆា walrus
 កញ្ជ្រោង fox	 ក្តាន់ gazelle	

សួនសត្វ - zoo

កីឡា
sports

សកម្មភាពនានា
activities

មាន
have

ធ្វើ
do

គឺ
be

ឈរ
stand

រត់
run

ទាញ
pull

បោះ
throw

ធ្លាក់
fall

កុហាក
lie

រង់ចាំ
wait

យួរ
carry

អង្គុយ
sit

សុលពៀកពាក់
get dressed

ដេក
sleep

ភ្ញាក់ឡើង
wake up

សកម្មភាពនានា - activities

 មើល look at	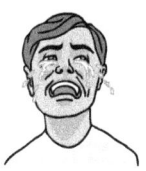 យំ cry	 គូសវាស stroke
 សិតសក់ comb	 និយាយ talk	 យល់ understand
 សួរ ask	 ស្ដាប់ listen	 ផឹក drink
 បរិភោគ eat	 សមអាត tidy up	 សូរលាញ់ love
 ធ្វើម្ហូប cook	 បើកបរ drive	 ហោះ fly

សកម្មភាពនានា - activities

ចែកទូក sail	គណនា calculate	អាន read

រៀន learn	ធ្វើការ work	រៀបការ marry
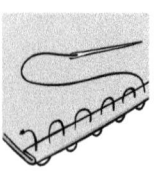	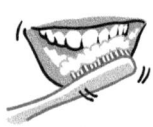	
ដេរ sew	ដុសធ្មេញ brush teeth	សម្លាប់ kill
	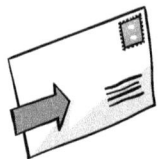	
ជក់ smoke	ផ្ញើរ send	

សកម្មភាពនានា - activities

ក្រុមគ្រួសារ
family

ជីដូន / grandmother
ជីតា / grandfather
ឪពុក / father
មុតាយ / mother
ទារក / baby
កូនស្រី / daughter
កូនប្រុស / son

ភ្ញៀវ
guest

មីង
aunt

ពូ
uncle

បងប្អូនប្រុស
brother

បងប្អូនស្រី
sister

ក្រុមគ្រួសារ - family

រាងកាយ
body

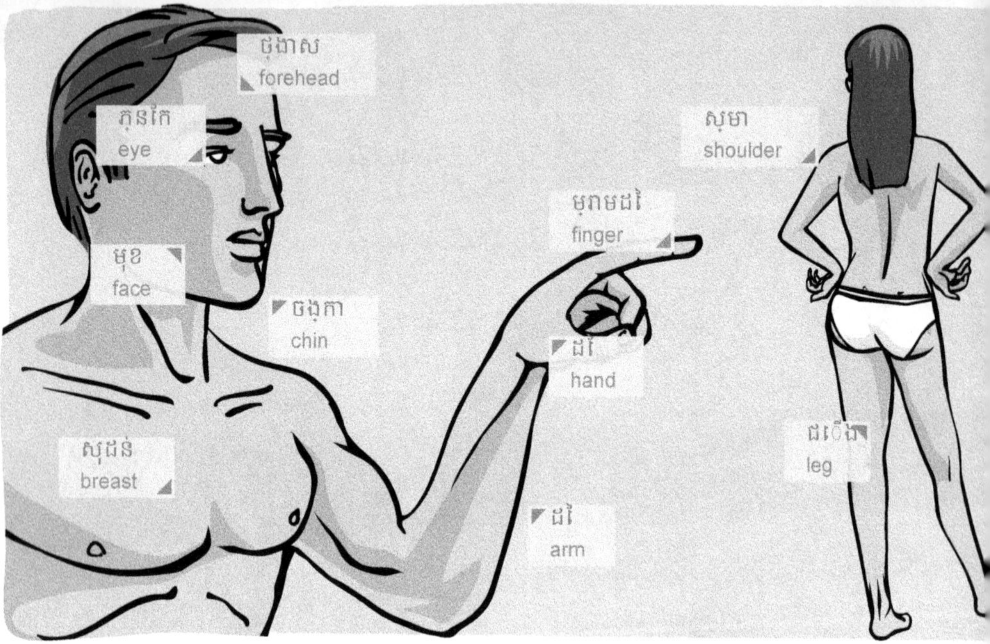

រាងកាយ - body

- ថ្ងាស / forehead
- ភ្នែក / eye
- មុខ / face
- សុដន់ / breast
- ស្មា / shoulder
- ម្រាមដៃ / finger
- ដៃ / hand
- ដៃ / arm
- ចង្កា / chin
- ជើង / leg

ទារក
baby

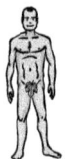
បុរស
man

ស្ត្រី
woman

ក្មេងស្រី
girl

ក្មេងប្រុស
boy

ក្បាល
head

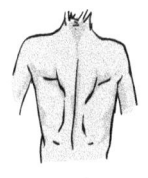 ខ្នង back	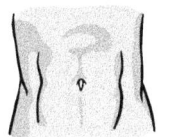 ពោះ belly	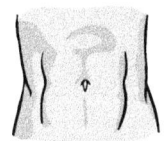 ផ្ចិត navel
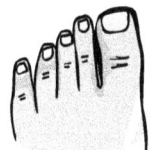 ម្រាមជើង toe	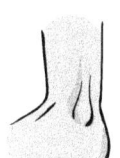 កែងជើង heel	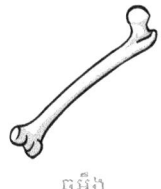 ឆ្អឹង bone
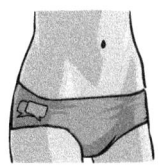 គូទគោក hip	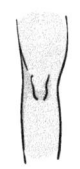 ជង្គង់ knee	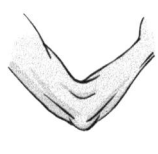 កែងដៃ elbow
 ច្រមុះ nose	 គូទ buttocks	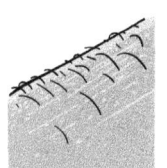 សូបកែ skin
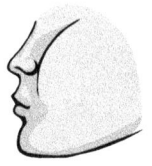 ថ្ពាល់ cheek	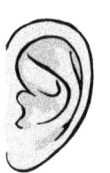 ត្រចៀក ear	 បបូរមាត់ lip

មាត់
mouth

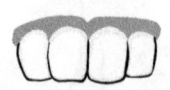
ធ្មេញ
tooth

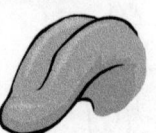
អណ្ដាត
tongue

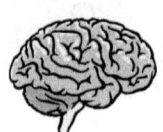
ខួរក្បាល
brain

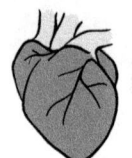
បេះដូង
heart

សាច់ដុំ
muscle

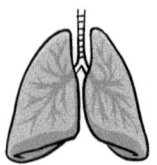
សួត
lung

ថ្លើម
liver

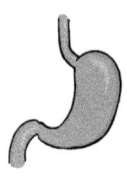
ក្រពះ
stomach

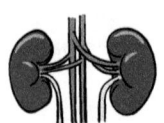
តម្រងនោម
kidneys

ការរួមភេទ
sex

ស្រោមអនាម័យ
condom

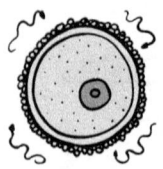
អូវុល
ovum

ទឹកកាម
semen

ការមានផ្ទៃពោះ
pregnancy

រាងកាយ - body

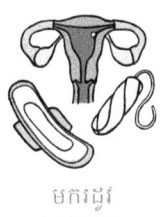
មករដូវ
menstruation

ទ្វារមាស
vagina

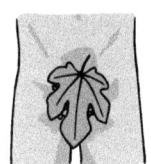
លិង្គ
penis

ចិញ្ចើម
eyebrow

សក់
hair

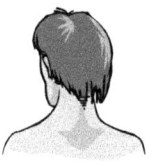
ក
neck

រាងកាយ - body

មន្ទីរពេទ្យ
hospital

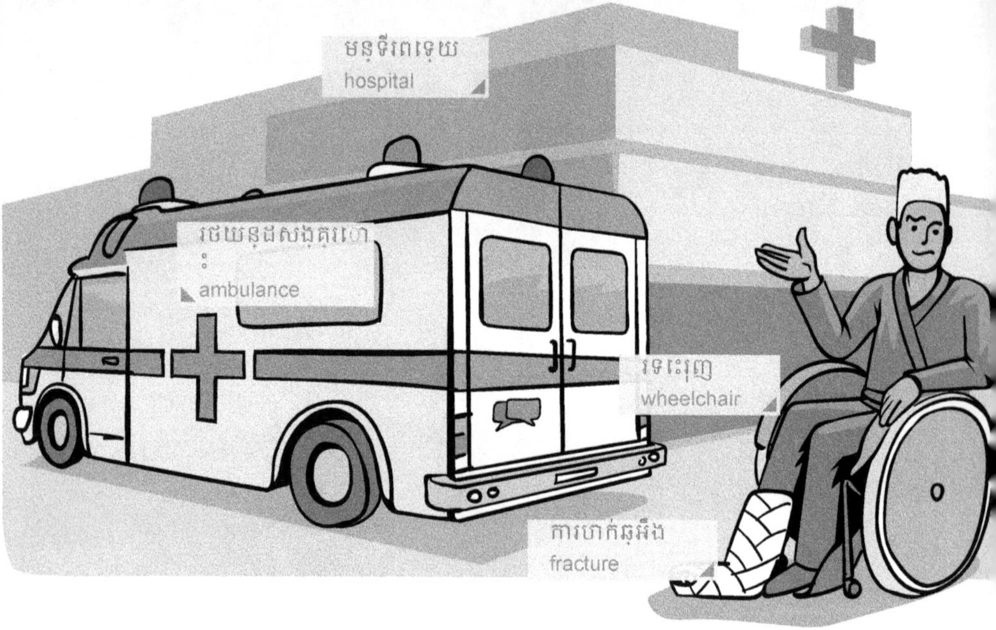

មន្ទីរពេទ្យ / hospital

រថយន្តសង្គ្រោះបន្ទាន់ / ambulance

រទេះរុញ / wheelchair

ការបាក់ឆ្អឹង / fracture

វេជ្ជបណ្ឌិត
doctor

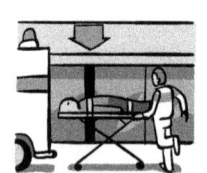
បន្ទប់សង្គ្រោះបន្ទាន់
emergency room

គិលានុបដ្ឋាយិកា
nurse

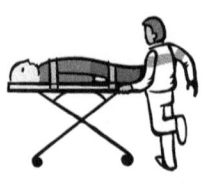
សង្គ្រោះបន្ទាន់
emergency

សន្លប់
unconscious

ការឈឺចាប់
pain

ការរងរបួស
injury

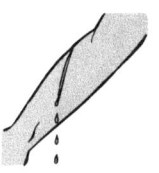

ការហូរឈាម
bleeding

គាំងបេះដូង
heart attack

ឈីដាច់សរសៃឈាមក្នុងក្បាល
stroke

អាលែកហុសី
allergy

ក្អក
cough

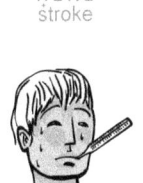

ជំងឺគ្រុន
fever

ជំងឺផ្តាសាយ
flu

ជំងឺរាគរូស
diarrhea

ឈឺក្បាល
headache

ជំងឺមហារីក
cancer

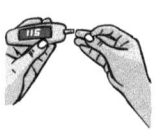

ជំងឺទឹកនោមផ្អែម
diabetes

គ្រូពេទ្យវះកាត់
surgeon

កាំបិតវះកាត់
scalpel

ប្រតិបត្តិការ
operation

មន្ទីរពេទ្យ - hospital

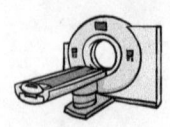 កំាំ CT	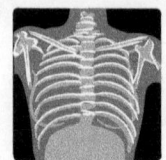 កាំរស្មីអិច x-ray	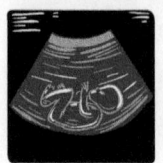 អេកូ ultrasound
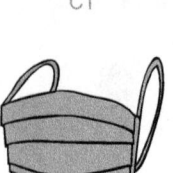 របាំងមុខ face mask	 ជំងឺ disease	 បន្ទប់រង់ចាំ waiting room
 ឈើច្រត់ crutch	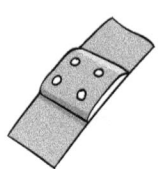 មុនាងសិលា plaster	 បង់រុំ bandage
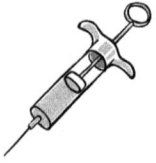 ការចាក់ថ្នាំ injection	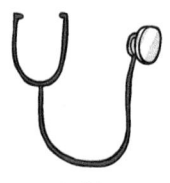 ស្តេតូស្កុប stethoscope	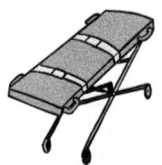 សុនងរបួស stretcher
 ទែម៉ូម៉ែត្រពេទ្យហាល clinical thermometer	 កំណើត birth	 លើសទម្ងន់ overweight

មន្ទីរពេទ្យ - hospital

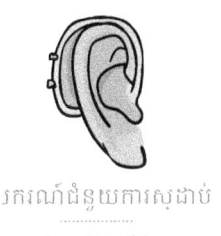
រករណ៍ជំនួយការស្ដាប់
hearing aid

សារធាតុសមលាប់មេរោគ
disinfectant

ការឆ្លងមេរោគ
infection

មេរោគ
virus

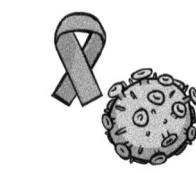
មេរោគអេដស៍ / ជំងឺអេដស៍
HIV / AIDS

ថ្នាំពេទ្យ
medicine

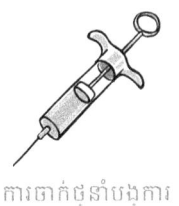
ការចាក់ថ្នាំបង្ការ
vaccination

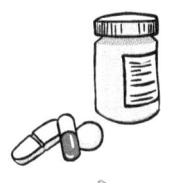
ថ្នាំគ្រាប់លេប
tablets

ថ្នាំគ្រាប់
pill

ការហៅពេលអាសន្ន
emergency call

ឧបករណ៍ពិនិត្យសម្ពាធឈាម
blood pressure monitor

ឈឺ / មានសុខភាពល្អ
ill / healthy

មន្ទីរពេទ្យ - hospital

សង្គ្រោះបន្ទាន់
emergency

ជំនួយ!
Help!

សំឡេងរោទ៍
alarm

ការវាយលុក
assault

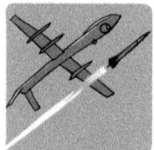
ការវាយប្រហារ
attack

គ្រោះថ្នាក់
danger

ច្រកចេញគ្រាអាសន្ន
emergency exit

អគ្គីភ័យ!
Fire!

បំពង់ពន្លត់អគ្គិភ័យ
fire extinguisher

គ្រោះថ្នាក់
accident

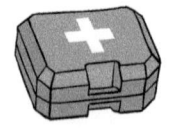
ឧបករណ៍ជំនួយបឋម
first-aid kit

SOS
SOS

ប៉ូលិស
police

ផែនដី / earth

អឺរុប
Europe

អាមេរិកខាងជើង
North America

អាមេរិកខាងត្បូង
South America

អាហ្វ្រិក
Africa

អាស៊ី
Asia

អូស្រ្តាលី
Australia

អាត្លង់ទិច
Atlantic

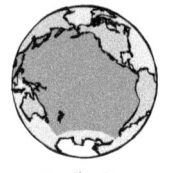
ប៉ាស៊ីហ្វិក
Pacific

មហាសមុទ្រឥណ្ឌា
Indian Ocean

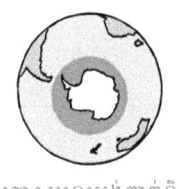
មហាសមុទ្រអង់តាក់ទិច
Antarctic Ocean

មហាសមុទ្រអាកទិច
Arctic Ocean

ប៉ូលខាងជើង
North pole

 ប៉ូលខាងត្បូង South pole	 អង់តាក់ទិក Antarctica	 ផែនដី earth
 ដីតែពោក land	 សមុទ្រ sea	 កោះ island
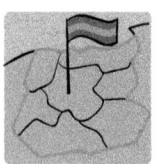 បុរទេសជាតិ nation	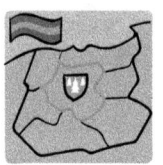 រដ្ឋ state	

នាឡិកា
clock

មុខនាឡិកា
clock face

ទ្រនិចម៉ោង
hour hand

ទ្រនិចនាទី
minute hand

ទ្រនិចវិនាទី
second hand

ម៉ោងប៉ុន្មាន?
What time is it?

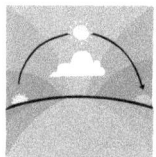
ថ្ងៃ
day

ពេលវេលា
time

ឥឡូវនេះ
now

នាឡិកាឌីជីថល
digital watch

នាទី
minute

ម៉ោង
hour

សប្តាហ៍
week

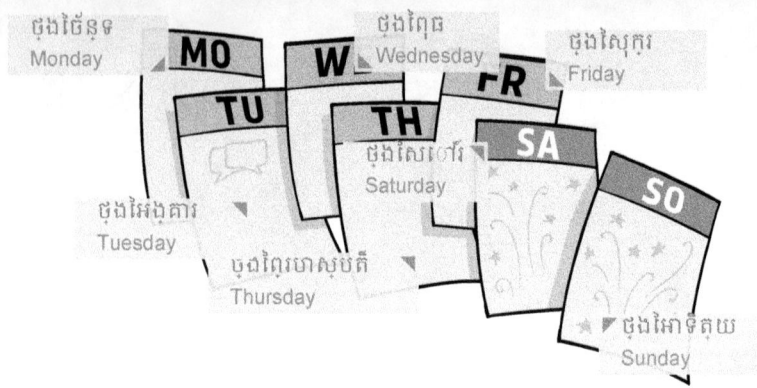

ចុងច័ន្ទ - Monday
ចុងអង្គារ - Tuesday
ចុងពុធ - Wednesday
ចុងព្រហស្បតិ៍ - Thursday
ចុងសុក្រ - Friday
ចុងសៅរ៍ - Saturday
ចុងអាទិត្យ - Sunday

ម្សិលមិញ
yesterday

ចុងនេះ
today

ចុងស្អែក
tomorrow

ព្រឹក
morning

ចុងត្រង់
noon

ល្ងាច
evening

ចុងថ្ងៃធ្វើការ
workdays

ចុងសប្តាហ៍
weekend

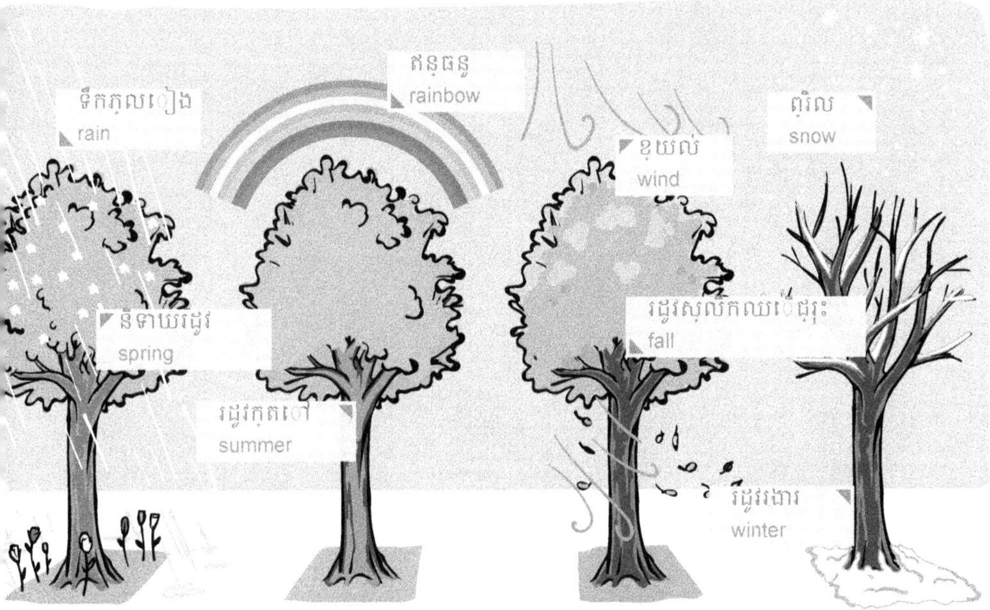

ឆ្នាំ / year

ទឹកភ្លៀងរាំង / rain
នទនធ្វើ / rainbow
ខ្យល់ / wind
ព្រិល / snow
និទាឃរដូវ / spring
រដូវក្ដៅ / summer
រដូវស្លឹកឈើជ្រុះ / fall
រដូវរងារ / winter

4.APRIL	11°	☀
5.APRIL	4°	🌧
6.APRIL	13°	☔
7.APRIL	8°	❄
8.APRIL	10°	☀

ពុយាករណ៍អាកាសធាតុ / weather forecast

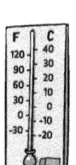

ទែម៉ូម៉ែត្រ / thermometer

ពន្លឺថ្ងៃ / sunshine

ពពក / cloud

អ័ព្ទ / fog

សំណើម / humidity

 រន្ទះ lightning	 ផ្គរ thunder	 ព្យុះ storm
 ព្រិល hail	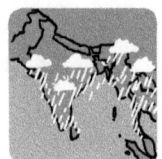 ខ្យល់មូសុង monsoon	 ទឹកជំនន់ flood
 ទឹកកក ice	 ខែមករា January	 ខែកុម្ភៈ February
 ខែមីនា March	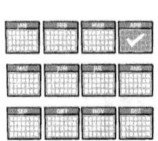 ខែមេសា April	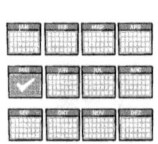 ខែឧសភា May
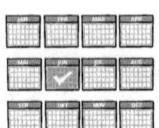 ខែមិថុនា June	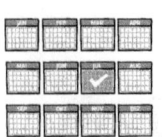 ខែកក្កដា July	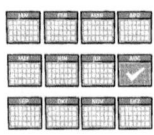 ខែសីហា August

ឆ្នាំ - year

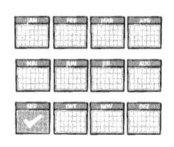
ខែកញ្ញា
September

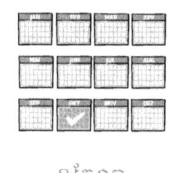
ខែតុលា
October

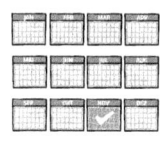
ខែវិច្ឆិកា
November

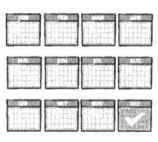
ខែធ្នូ
December

រាង
shapes

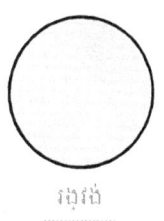
រង្វង់
circle

ការ៉េ
square

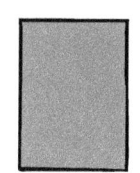
ចតុកោណកែង
rectangle

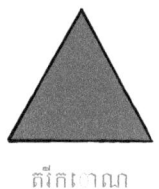
ត្រីកោណ
triangle

ស៊្វែរ
sphere

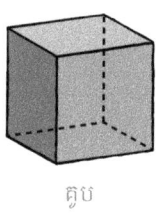
គូប
cube

ពណ៌
colors

ពណ៌ស
white

ពណ៌លឿង
yellow

ពណ៌ទឹកក្រូច
orange

ពណ៌ផ្កាឈូក
pink

ពណ៌ក្រហម
red

ពណ៌ស្វាយ
purple

ពណ៌ខៀវ
blue

ពណ៌បៃតង
green

ពណ៌ទឹកក្រូច
brown

ពណ៌ប្រផេះ
gray

ពណ៌ខ្មៅ
black

ពណ៌ - colors

ផ្ទុយគ្នា
opposites

ច្រើន / តិចតួច
a lot / a little

ខឹង / គួរជាក់ចិត្ត
angry / calm

ស្រស់ស្អាត / អាក្រក់
beautiful / ugly

ចាប់ផ្តើម / បញ្ចប់
beginning / end

ធំ / តូច
big / small

ភ្លឺ / ងងឹត
bright / dark

បងប្អូនប្រុស / បងប្អូនស្រី
brother / sister

ស្អាត / កខ្វក់
clean / dirty

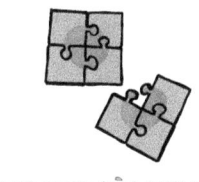
ពេញលេញ / មិនពេញលេញ
complete / incomplete

ថ្ងៃ / យប់
day / night

ស្លាប់ / នៅរស់
dead / alive

ធំទូលាយ / តូចចង្អៀត
wide / narrow

អាចបរិភោគបាន / មិនអាចបរិភោគបាន
edible / inedible

ចិត្តអាក្រក់ / ចិត្តល្អ
evil / kind

ការរំភើប / អផ្សុក
excited / bored

ធាត់ / ស្គម
fat / thin

ដំបូង / ចុងក្រោយ
first / last

មិត្តភក្តិ / សត្រូវ
friend / enemy

ពេញ / ទទេ
full / empty

រឹង / ទន់
hard / soft

ធ្ងន់ / ស្រាល
heavy / light

ភាពអត់ឃ្លាន / ការស្រេកឃ្លាន
hunger / thirst

ឈឺ / មានសុខភាពល្អ
ill / healthy

ខុសច្បាប់ / ត្រូវច្បាប់
illegal / legal

ឆ្លាតវៃ / ល្ងង់
intelligent / stupid

ឆ្វេង / ស្តាំ
left / right

ជិត / ឆ្ងាយ
near / far

ផ្ទុយគ្នា - opposites

ចូម៍ / ហានប្រេី

new / used

គ្មានអ្វីសោះ / អ្វីមួយ

nothing / something

ចាស់ / កូមេង

old / young

បេីក / បិទ

on / off

បេីក / បិទ

open / closed

ស្ងប់ស្ងាត់ / ពុខ្ទាំង

quiet / loud

មាន / ក្រ

rich / poor

ត្រូវ / ខុស

right / wrong

គ្រើម / រលោង

rough / smooth

ាកចិត្ត / សប្បាយចិត្ត

sad / happy

ខ្លី / វែង

short / long

យឺត / លឿន

slow / fast

សេីម / ស្ងួត

wet / dry

កុតៅ / ត្រជាក់

warm / cool

សង្គ្រាម / សន្តិភាព

war / peace

ផ្ទុយគ្នា - opposites

លេខ
numbers

0 សូន្យ — zero
1 មួយ — one
2 ពីរ — two
3 បី — three
4 បួន — four
5 ប្រាំ — five
6 ប្រាំមួយ — six
7 ប្រាំពីរ — seven
8 ប្រាំបី — eight
9 ប្រាំបួន — nine
10 ដប់ — ten
11 ដប់មួយ — eleven

12 ដប់ពីរ twelve	**13** ដប់បី thirteen	**14** ដប់បួន fourteen
15 ដប់ប្រាំ fifteen	**16** ដប់ប្រាំមួយ sixteen	**17** ដប់ប្រាំពីរ seventeen
18 ដប់ប្រាំបី eighteen	**19** ដប់ប្រាំបួន nineteen	**20** ម្ភៃ twenty
100 រយ hundred	**1.000** ពាន់ thousand	**1.000.000** លាន million

ភាសា
languages

អង់គុលស
English

អង់គុលសអាមេរិក
American English

ចិនកុកងឺ
Chinese Mandarin

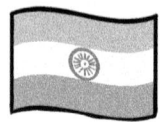

ហិណ្ឌូ
Hindi

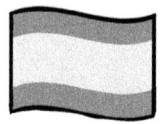

អេស្ប៉ាញ
Spanish

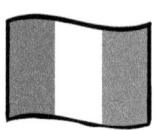

ហ្វរាំង
French

អារ៉ាប់
Arabic

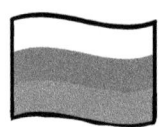

រុស្សី
Russian

ព័រទុយហ្គាល់
Portuguese

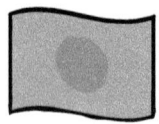

បង់ក្លាដេស
Bengali

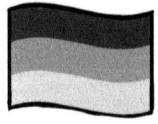

អាល្លឺម៉ង់
German

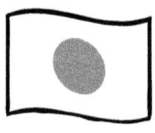

ជប៉ុន
Japanese

នរណា / អ្វី / របៀប
who / what / how

ខ្ញុំ
I

អ្នក
you

គាត់ / នាង / វា
he / she / it

យើង
we

អ្នក
you

ពួកគេហេន
they

នរណា?
who?

អ្វី?
what?

របៀបណា?
how?

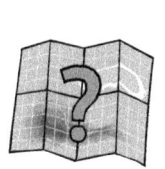
កន្លែងណា?
where?

ពេលណា?
when?

ឈ្មោះ
name

កន្លែង
where

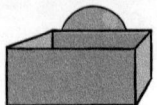
ពីក្រោយ
behind

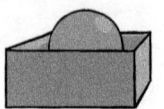
ក្នុង
in

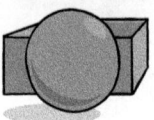
ពីមុខ
in front of

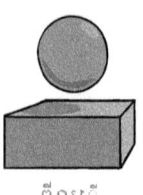
ពីលើ
over

នៅលើ
on

នៅក្រោម
under

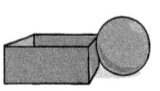
នៅក្បែរ
beside

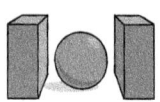
រវាង
between

កន្លែង
place

CPSIA information can be obtained
at www.ICGtesting.com
Printed in the USA
LVHW021037201020
669251LV00004BA/176